Das Ultimative *Nilpferdbuch* für Kids

100+ unglaubliche Fakten über Nilpferde, Fotos, Quiz und mehr

Jenny Kellett

Copyright © 2022 Jenny Kellett

Nilpferde: Das Ultimative Nilpferdbuch für Kids
www.bellanovabooks.com

Alle Rechte vorbehalten. Kein Teil dieses Buches darf ohne schriftliche Genehmigung des Autors in irgendeiner Form elektronisch oder mechanisch vervielfältigt werden, auch nicht durch Fotokopieren, Aufzeichnen oder Speichern und Abrufen von Informationen.

ISBN: 978-619-7695-28-1
HARDCOVER
Bellanova Books

Inhalt

Einführung	4
Nilpferde: Die Grundlagen	7
Merkmale des Nilpferds	14
Nilpferde: Ihr tägliches Leben	26
Nilpferd: Unterarten	43
Nördliches Nilpferd	44
Ostafrikanisches Nilpferd	46
Kap- oder Südafrikanisches Nilpferd	48
Westafrikanisches Nilpferd	50
Angola-Nilpferd	50
Zwergflusspferd	52
Von der Geburt bis zum Erwachsenenalter	56
Nilpferde und Menschen	68
Nilpferd-Quiz	80
Antworten	84
Wortsuche	86
Quellen	89

Einführung

Nilpferde haben vielleicht einen der am schwersten zu buchstabierenden Namen im Tierreich, aber sie sind auch unglaublich faszinierende Kreaturen. Ihre großen, stämmigen Körper und ihre cartoonartigen Züge haben sie zu einem Liebling unter Tierliebhabern gemacht.

Bist du also bereit, mehr über das sogenannte "Flusspferd" zu erfahren? *Los geht's!*

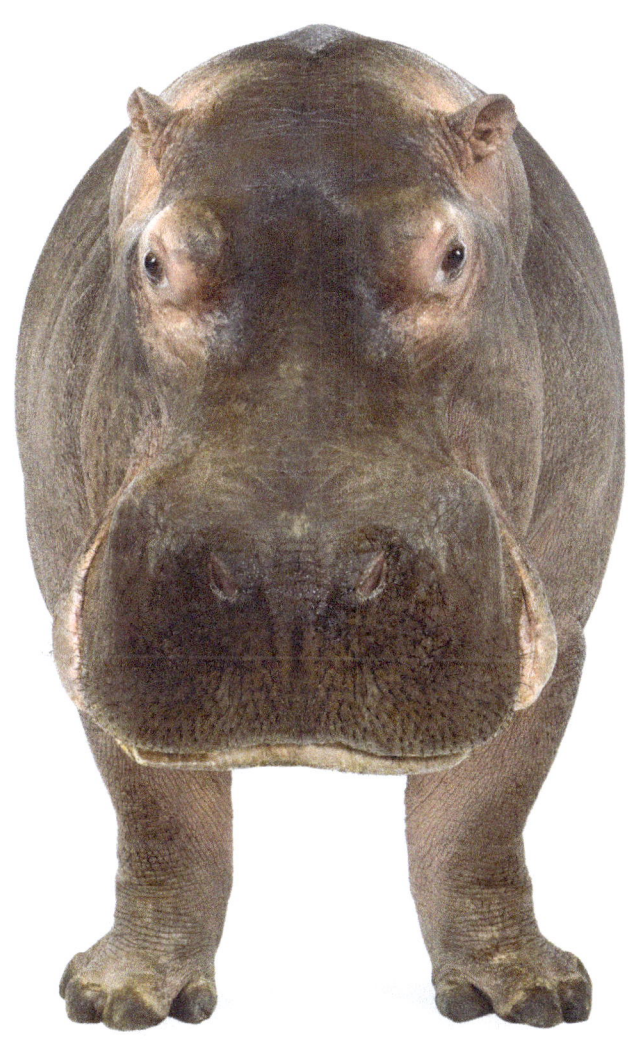

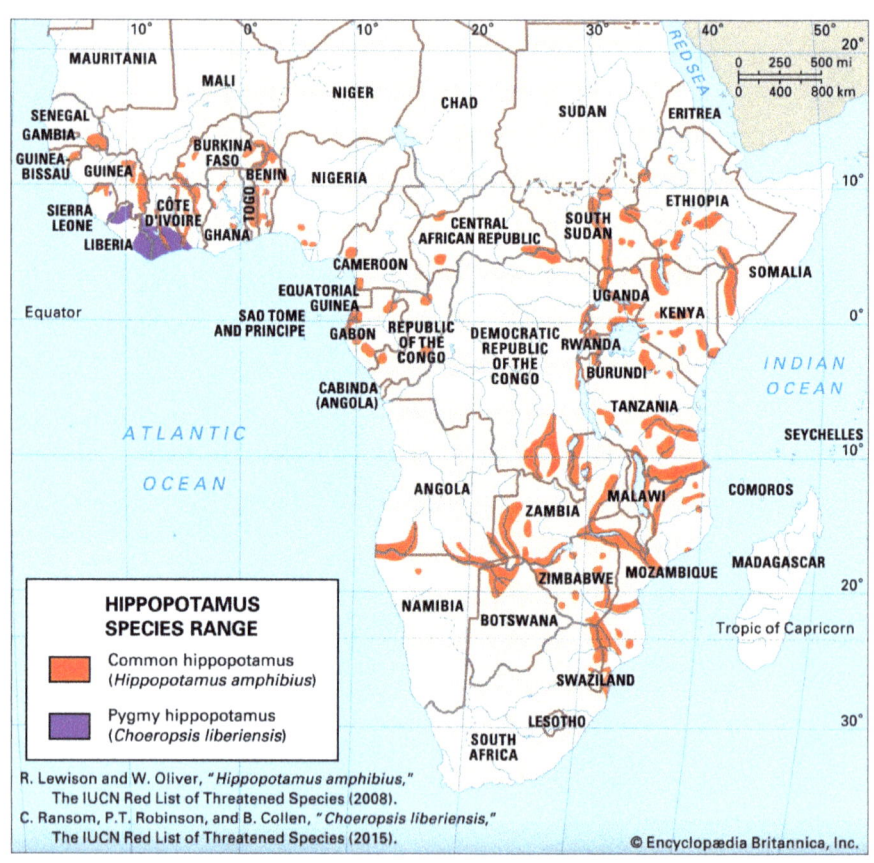

Bild: Encyclopedia Britannica.

Nilpferde: Die Grundlagen

Was sind Nilpferde und wo leben sie?

Die Bezeichnungen Nilpferd, Flusspferd und Hippopotamus (auch Großflusspferde oder Hippos genannt) sind alle richtig. Sie leben in Afrika südlich der Sahara.

...

Das Wort Hippopotamus stammt aus dem Altgriechischen und bedeutet "Pferd des Flusses".

Nilpferde sind nach Elefanten die schwersten Landsäugetiere der Welt. Breitmaulnashörner sind auf dem dritten Platz.

...

Der wissenschaftliche Name für das Flusspferd ist *Hippopotamus amphibius*. Sie gehören zur Familie der Hippopotamidae, zu der auch das Zwergflusspferd gehört. Es gibt fünf Unterarten innerhalb der Art Hippopotamus amphibius, die wir uns später ansehen werden.

...

Nilpferde leben normalerweise im Süßwasser, aber westafrikanische Populationen leben oft in Salzwasser-Mündungen.

Bis 1909 steckten Naturforscher Nilpferde in dieselbe Gruppe wie Schweine, da sie ähnliche Zähne haben. Heute wissen wir jedoch, dass die engsten lebenden Verwandten der Nilpferde eigentlich Wale und Delfine sind.

...

Nilpferde leben gerne in feuchten Gebieten wie Mangroven, Sümpfen und in der Nähe von Flüssen und Seen.

...

Es gab eine Zeit, in der Nilpferde in Europa und Asien häufig zu sehen waren. Aufgrund des Klimawandels und der Bejagung wurden sie in diesen Regionen jedoch seit etwa 11.700 Jahren nicht mehr gesehen.

Dank ihrer enormen Größe tragen Nilpferde dazu bei, Mikrohabitate (kleine Lebensräume) für kleinere Organismen zu schaffen. Fische zum Beispiel ernähren sich oft von den Algen auf der Haut des Nilpferds.

...

Die Lebenserwartung eines Nilpferds beträgt in freier Wildbahn etwa 40 Jahre und in Gefangenschaft 50 Jahre. In Gefangenschaft leben sie länger, da geschulte Tierpfleger ihre Gesundheit überwachen, sie genau mit der Nahrung versorgen, die sie benötigen und sie vor Gefahren schützen können.

...

Weibliche Nilpferde werden **Kühe** genannt und die männlichen **Bullen**.

In der Vergangenheit existierte eine weitere Flusspferdeart - **das Madagassische Flusspferd**. Es lebte in Madagaskar und war kleiner als die heutigen Flusspferde. Es wurde jedoch vor etwa 1.000 Jahren durch die Jagd des Menschen ausgerottet.

...

Der Lebensraum eines Nilpferdes ist von entscheidender Bedeutung. Das Wasser muss tief genug sein, damit sie vollständig eintauchen können, aber nicht zu tief, da sie nicht gut schwimmen können, und es muss genug Gras vorhanden sein, damit sie genug zu fressen haben.

Merkmale des Nilpferds

Größe, besondere Merkmale und mehr.

Versuche nicht, ein Nilpferd zu heben! Ein männliches Nilpferd wiegt durchschnittlich 1.500-1.800 kg und die Weibchen 1.300-1.500 kg. Das größte jemals registrierte Nilpferd wurde jedoch in einem Zoo in Deutschland gefunden: Es wog 4.490 kg.

. . .

Nilpferde haben eine graue bis schlammbraune Haut, die darunter zu einer rosa Farbe verblasst.

Ein rennendes Nilpferd.

Nilpferde sind riesig und werden zwischen 1,8 und 4,9 m lang. Vom Boden bis zur Schulter gemessen sind sie etwa 1,4 m groß.

...

Obwohl sie kurze Beine und einen stämmigen Körper haben, können Nilpferde über kurze Strecken 30 km/h schnell laufen! Das ist so schnell wie ein Mensch.

...

Nilpferde sind Pflanzenfresser (oder Vegetarier), das heißt, sie fressen ausschließlich Pflanzen. Im Verhältnis zu ihrer Größe nehmen Nilpferde nicht viel Nahrung zu sich. Sie brauchen nur etwa 36 kg pro Tag, da sie die meiste Zeit im Wasser schwimmen und daher viel weniger Energie verbrauchen als Tiere, die an Land leben.

Obwohl Nilpferde keine wählerischen Esser sind, fressen sie im Allgemeinen keine Wasserpflanzen. Ihre Lieblingsspeise ist kurzes Gras.

• • •

Es ist immer eine gute Idee, Sonnencreme zu tragen, auch wenn man ein Nilpferd ist! Nilpferde produzieren jedoch ihren eigenen natürlichen Sonnenschutz: eine rote, ölige Flüssigkeit, die sie vor gefährlichen UV-Strahlen schützt. Diese Flüssigkeit, die für Biologen ein großes Rätsel ist, hält ihre Haut feucht und schützt sie vor bakteriellen Infektionen.

Nilpferde haben sehr dichte Knochen, die ihnen helfen, leicht auf den Grund des Wassers zu sinken.

• • •

Im Vergleich zu anderen Tieren ihrer Größe haben Nilpferde sehr kurze Beine. Das ist aber kein Problem für sie. Ist dir schon mal aufgefallen, wie leicht du dich im Wasser fühlst? Genauso ist es auch für Nilpferde - sie brauchen also keine langen Beine, um ihr enormes Gewicht zu tragen.

• • •

Nilpferde können nicht springen, aber sie können steiles Gelände hochklettern, zum Beispiel an Flussufern.

Wenn du dir den Kopf eines Nilpferds ansiehst, wirst du feststellen, dass sich Augen, Nase und Ohren nahe am oberen Ende des Kopfes befinden. So können sie den Großteil ihres Körpers unter Wasser halten und trotzdem ihre Umgebung sehen, riechen und hören.

...

Nilpferde sind Halbwasserbewohner (oder semiaquatisch), das heißt, sie leben teilweise im Wasser. Allerdings können Nilpferde trotz ihrer Schwimmhäute nicht besonders gut schwimmen oder gar treiben. Wenn ein Nilpferd also in tiefem Wasser ist, springt es zwischen den Stellen hin und her, anstatt zu schwimmen.

Das Kiefergelenk des Nilpferdes sitzt weit hinten im Maul, sodass es sein Maul um fast 180° öffnen kann. Wenn ihr Maul geöffnet ist, ist es ein Meter weit!

• • •

Die Zähne von Nilpferden nutzen sich selbst ab und schärfen sich, wenn sie mit den Zähnen knirschen. Das ist wichtig, denn ihre Zähne hören nie auf zu wachsen.

• • •

Die Schneidezähne eines Nilpferds können bis zu 40 cm lang sein, und die Backenzähne sind sogar noch größer: bis zu 50 cm!

Obwohl Nilpferde so große Zähne haben, benutzen sie sie nicht zum Fressen, sondern nur zum Kämpfen.

· · ·

Nilpferde haben nur wenige Haare, was für semiaquatische Tiere ungewöhnlich ist.

· · ·

Wenn Nilpferde unter Wasser sind, können sie ihre Ohren und Nasenlöcher schließen, um das Wasser abzuhalten.

· · ·

Die Haut von Nilpferden ist 6 cm dick, was ihnen eine gute Verteidigung gegen Raubtiere bietet.

Nilpferde: Ihr tägliches Leben

Was machen Nilpferde den ganzen Tag?!

In Afrika wird es brütend heiß, deshalb verbringen Nilpferde die meiste Zeit ihres Tages im Wasser oder im Schlamm, um kühl und feucht (hydriert) zu bleiben.

• • •

Nach Einbruch der Dunkelheit kommen Nilpferde aus dem Wasser, um zu grasen - oft bis zum Morgen.

Ein Flusspferd, das sein Lieblingsessen genießt: kurzes Gras.

Nilpferde können jeden Abend bis zu 10 km weit laufen, um nach Nahrung zu suchen. Wenn sie diese gefunden haben, grasen sie fünf bis sechs Stunden lang.

• • •

Nilpferde verbringen ihre Zeit gerne zusammen im Wasser, grasen aber lieber allein.

• • •

Nilpferde kuscheln sich gerne im Wasser aneinander. Der Grund dafür ist den Wissenschaftlern noch unklar, da sie keine sozialen Bindungen wie andere Tiere eingehen.

Eine große Herde Nilpferde.

Nilpferde leben in Schulen oder Herden. In einer Herde leben zwischen 5 und 100 Nilpferde, darunter Bullen, Kühe und Kälber. Innerhalb der Herden gibt es kleinere Gruppen, die normalerweise nach Geschlechtern getrennt sind.

...

Nilpferde sind nicht territorial, wenn sie an Land sind. Im Wasser ist das aber ganz anders. Der Hauptbulle bewacht eine Wasserfläche, die normalerweise etwa 250 m lang ist.

...

Der Kot von Nilpferden ist voller Nährstoffe, die ein wichtiger Teil der Nahrungskette sind.

Nilpferde können Freund und Feind unterscheiden, indem sie an ihrem Kot riechen.

. . .

Nicht viele Tiere versuchen, sich mit Nilpferden anzulegen, weil sie so riesig sind! Kleine und junge Nilpferde können jedoch von Löwen, Tüpfelhyänen und Nilkrokodilen angegriffen werden. Die meiste Zeit über leben Nilpferde jedoch in Harmonie mit den anderen Tieren.

Der territoriale Bulle in einer Schule wird der "Strandmeister" genannt. Er verbringt die meiste Zeit allein.

...

Nilpferde können unter Wasser bis zu fünf Minuten lang die Luft anhalten! Diese Zeit nutzen sie oft, um am Fluss- oder Seebett entlangzulaufen.

...

Wie einige andere Tierarten verrichten Nilpferde ihr Geschäft oft in bestimmten Bereichen, in die sie zu diesem Zweck immer wieder zurückkehren. Auf diese Weise markieren sie die Grenzen ihres Territoriums.

Nilpferde bewegen sich im Wasser mit einer Geschwindigkeit von etwa 8 km/h und tauchen alle drei bis fünf Minuten zum Atmen auf. Kälber müssen alle zwei bis drei Minuten auftauchen.

...

Nilpferde können unter Wasser schlafen, aber trotzdem zum Atmen auftauchen, ohne aufzuwachen.

...

Nilpferde benutzen ihre kräftigen Lippen, um Gräser zu greifen und herauszuziehen.

Wenn Nilpferde zu lange außerhalb des Wassers bleiben, wird ihre Haut rissig. Deshalb ist es wichtig, dass sie sich feucht halten.

...

Es ist vielleicht nicht ihr liebenswertestes Verhalten, aber das "Mistverteilen" ist eine beliebte Aktivität von Nilpferden. Dabei drehen sie ihren Schwanz, wie ein Propeller, während sie ihr Geschäft verrichten, um den Kot so weit wie möglich zu verteilen. Die Wissenschaftler sind sich nicht sicher, warum sie das tun. Vielleicht macht es ihnen einfach nur Spaß!

Nilpferde sind berühmt für ihr gewaltiges "Gähnen". Dieses Gähnen ist aber eigentlich ein Zeichen von Aggression.

• • •

Nilpferde können sehr laut sein. Das häufigste Geräusch, das du von ihnen hörst, ist das "Keuchen"; es klingt wie ein hohes Quietschen, gefolgt von einem tieferen Ton und ist über weite Strecken zu hören.

• • •

Obwohl du oft Nilpferde siehst, die sich sonnen, können sie sehr schnell dehydrieren (austrocknen), deshalb müssen sie regelmäßig ins Wasser gehen.

Einer der Partytricks der Nilpferde ist es, den Kopf halb über und halb unter Wasser zu halten und ein Geräusch von sich zu geben, das die Tiere im und außerhalb des Wassers hören können.

...

In der Trockenzeit teilen sich bis zu 150 Nilpferde eine kleine Wasserfläche. Es kann sehr voll werden!

...

Wenn eine Dürre herrscht, müssen Nilpferde oft weite Strecken zurücklegen, um Wasser zu finden, was sehr gefährlich sein kann. Traurigerweise überleben viele diese Reise nicht.

Flusspferde genießen die Sonne.

Nilpferd: Unterarten

Es gibt fünf **Unterarten** des Flusspferds. Die Unterschiede zwischen ihnen sind jedoch sehr gering, sodass viele Wissenschaftler sie nicht als unterschiedliche Arten anerkennen. Sie werden meist anhand ihres Lebensraumes unterschieden.

Schauen wir uns kurz die Unterschiede an!

Nördliches Nilpferd oder Flusspferd

Hippopotamus amphibius Amphibius

Das Große Nördliche Flusspferd ist auch als **Großflusspferd** bekannt. Es ist das Flusspferd, das du am ehesten in einem Zoo oder in freier Wildbahn sehen wirst. Früher lebten sie in ganz Ägypten, aber in den 1800er-Jahren wurden sie dort ausgerottet. Noch früher war das Nilpferd in Europa und Asien frei unterwegs. Ein wunderbar intaktes Fossil dieser Unterart wurde in Großbritannien gefunden. Heute findet man sie nur noch entlang des Nils in Tansania und Mosambik, daher der Name Nilpferd. Sie leben gerne in tiefen Flussbetten.

Ostafrikanisches Nilpferd

Hippopotamus amphibius Kiboko

Das Ostafrikanische Nilpferd kommt in der Region der Großen Seen in Kenia und Somalia vor.

Man erkennt es am besten daran, dass seine Nasenlöcher etwas breiter sind als die des Nördlichen Nilpferds.

Herde ostafrikanischer Flusspferde am Mara-Fluss, Masai Mara Nationalpark, Kenia. ❯

Kap- oder Südafrikanisches Nilpferd

Hippopotamus amphibius capensis

Das Kap- oder Südafrikanische Nilpferd lebt von Sambia bis hinunter nach Südafrika. Von allen Unterarten hat es den am meisten abgeflachten Schädel.

Nilpferde waren früher sehr weit verbreitet, heute sind sie aber in kleineren Gebieten zu finden. Viele leben teilweise in Gefangenschaft, zum Beispiel in Nationalparks und Naturschutzgebieten.

Westafrikanisches oder tschadisches Nilpferd

Hippopotamus amphibius tschadensis

Wie der Name schon sagt, leben die westafrikanischen Nilpferde in Westafrika. Sie haben ein etwas kürzeres und breiteres Gesicht als andere Arten. Außerdem haben sie riesige Nasenlöcher.

Angola-Nilpferd

Hippopotamus amphibius constrictus

Das Angola-Nilpferd lebt in Angola, der südlichen Demokratischen Republik Kongo und Namibia. Der Hauptunterschied liegt auch bei den Nasenlöchern! Sie sind tiefer als die der anderen Unterarten.

Gewöhnliches Nilpferd in Botswana.

Zwergflusspferd
Choeropsis liberiensis

Das Zwergflusspferd ist die einzige zusätzliche Art in der Familie der Hippopotamidae. Sind sie also einfach nur kleine Nilpferde? Lass es uns herausfinden.

Das Zwergflusspferd lebt in den Wäldern Westafrikas; die meisten von ihnen leben in Liberia, es gibt auch kleinere Populationen in Sierra Leone, der Elfenbeinküste und Guinea. Leider sind Zwergflusspferde in freier Wildbahn selten - es gibt nur noch etwa 2.500 Exemplare. Glücklicherweise vermehren sie sich aber in Gefangenschaft sehr oft, was eine gute Nachricht für ihre Zukunft ist.

Von der Form her sind Zwergflusspferde den gewöhnlichen Nilpferden sehr ähnlich, sie sind jedoch nur etwa halb so groß. Die Hauptunterschiede zwischen den beiden Unterarten liegen in ihrem Verhalten.

Zwergflusspferde sind weniger aggressiv, und wenn sie aufeinandertreffen, ignorieren sie sich eher, als dass sie einen Kampf anzetteln. Sie sind scheu und leben lieber allein oder in sehr kleinen Gruppen.

Die größte Bedrohung für das Zwergflusspferd ist der Verlust des Lebensraums. Viele der Wälder, in denen Zwergflusspferde gerne leben, werden abgeholzt, um Platz für verschiedene Arten der Landwirtschaft zu schaffen. In Liberia werden Zwergflusspferde auch wegen ihres Fleisches gejagt.

Wie das gewöhnliche Nilpferd haben auch Zwergflusspferde sehr wenige natürliche Feinde, aber da sie kleiner sind, werden sie eher von Leoparden, Krokodilen und großen Schlangen angegriffen.

Von der Geburt bis zum Erwachsenenalter

Baby-Flusspferde sind einige der Süßesten Tiere in der Tierwelt, also lasst uns mehr über das frühe Leben von Flusspferden erfahren.

Nilpferde lieben das Wasser wirklich. Sie paaren sich und gebären (normalerweise) im Wasser.

...

Wenn eine Kuh gebärt, hat sie nur etwa 40 Sekunden Zeit, um ihr Kalb an die Oberfläche zu bringen, damit es seinen ersten Atemzug nehmen kann.

Baby-Nilpferde werden **Kälber** genannt.

• • •

Seepferd-Kühe können im Alter von etwa fünf Jahren mit der Fortpflanzung beginnen, Bullen im Alter von etwa 7,5 Jahren. Nilpferde in Gefangenschaft beginnen jedoch oft schon im Alter von drei Jahren mit der Fortpflanzung.

• • •

Nilpferde paaren sich am liebsten am Ende der Regenzeit, sodass die meisten Kälber zu Beginn der nächsten Regenzeit geboren werden.

Die *Trächtigkeitsdauer* der Nilpferde (wie lange ein Weibchen schwanger ist) beträgt 243 Tage oder acht Monate. Bei Zwergflusspferden ist sie etwas kürzer: sechs bis sieben Monate.

• • •

Kühe und Kälber haben eine sehr starke Bindung - das ist der Vorteil, wenn man ein Einzelkind ist! Sie kuscheln, putzen und schmusen miteinander.

• • •

Wenn die Kälber geboren werden, wiegen sie 13-22 kg. Zwergflusspferd-Babys wiegen jedoch nicht viel mehr als ein menschliches Baby.

Nach der Geburt isoliert sich die Kuh für 10-14 Tage, bevor sie sich sicher genug fühlt, um in ihre Herde zurückzukehren.

• • •

Nilpferdweibchen gebären normalerweise alle zwei Jahre.

• • •

Seepferd-Kühe bringen normalerweise nur ein Kalb zur Welt, aber Zwillinge können gelegentlich vorkommen.

• • •

Nilpferdkälber können im Wasser treiben/schweben, bevor sie laufen können.

Da Nilpferde Säugetiere sind, trinken ihre Kälber Milch von ihren Müttern. Wenn das Wasser zu tief für sie ist, ruhen sie auf dem Rücken ihrer Mutter, schwimmen aber unter Wasser, um zu trinken.

• • •

Kälber werden in der Regel bis zum Alter von einem Jahr gesäugt, beginnen aber mit sechs bis acht Monaten Gras zu fressen.

• • •

Wenn die Kälber geboren werden, schließen sie sich mit ihrer Mutter einer "Schule" an, um vor Raubtieren wie Krokodilen geschützt zu werden.

Wissenschaftler glauben, dass männliche Nilpferde ihr ganzes Leben lang weiterwachsen, während die Weibchen mit etwa 25 Jahren voll entwickelt sind.

...

Die Kälber bleiben mehrere Jahre lang bei ihren Müttern und bekommen dabei oft noch ein paar Geschwister.

...

2017 konnten Tierpfleger zum ersten Mal ein Ultraschallbild von einem trächtigen Nilpferd machen. Normalerweise ist das unmöglich, weil Nilpferde so schwer zu trainieren sind.

Eine Nilpferdfamilie in Namibia.

Nilpferde und Menschen

Wir mögen sehr unterschiedlich sein, aber wir teilen alle denselben Planeten.

Nilpferde und Menschen interagieren schon seit Tausenden von Jahren. In der Wüste der Sahara wurden Felsmalereien und Gravuren mit Nilpferden gefunden, die über 4.000 Jahre alt sind.

...

Trotz ihres ruhigen Auftretens sind Nilpferde eines der gefährlichsten Tiere der Welt. Sie sind sehr territorial und unberechenbar.

Nilpferde sind dafür bekannt, dass sie Kanus in zwei Hälften beißen und Menschen angreifen - oft verwechseln sie diese mit Krokodilen.

• • •

Leider sind Nilpferde durch den Verlust ihres Lebensraums bedroht. Außerdem werden sie wegen ihres Fleisches und ihrer Elfenbeinzähne gejagt.

• • •

Die Nachfrage nach Nilpferd-Elfenbein stieg nach 1989, als Elefanten-Elfenbein weltweit verboten wurde.

Im 19. Jahrhundert wurde Nilpferd-Elfenbein häufig zur Herstellung falscher Zähne verwendet.

• • •

Auf der Roten Liste der IUCN (Internationale Union zur Bewahrung der Nature) werden Nilpferde als gefährdet eingestuft. Das bedeutet, dass sie vom Aussterben bedroht sind und dass wir sie unbedingt schützen müssen.

• • •

Nilpferde sind ein beliebtes Ausstellungsstück in Zoos auf der ganzen Welt. Wenn sie gut gepflegt werden, leben sie in Gefangenschaft in der Regel länger als in freier Wildbahn.

Bertha das Nilpferd ist das älteste bekannte Nilpferd, das in Gefangenschaft gehalten wurde - sie lebte im Manila-Zoo auf den Philippinen bis zu ihrem 65. Lebensjahr.

...

Das erste bekannte Nilpferd, das in Gefangenschaft gehalten wurde, lebte 3500 v. Chr. in Hierakonopolis, Ägypten. Mit der Ankunft von Obaysch am 25. Mai 1850 war der Londoner Zoo der erste Zoo der Neuzeit, in dem ein Nilpferd lebte. Er zog über 10.000 Besucher pro Tag an.

Ein Nilpferd unter Wasser fotografiert im Busch Gardens Zoo, Florida.

Der schlimmste Rückgang der Nilpferdpopulationen ist in der Demokratischen Republik Kongo zu verzeichnen. In den 1970er-Jahren wurde der Nilpferdbestand im Virunga-Nationalpark auf 29.000 Tiere geschätzt; 2005 waren es nur noch 800-900. Der Grund dafür ist, dass während des Zweiten Kongokrieges weniger Wert darauf gelegt wurde, Wilderer vom Töten der Nilpferde abzuhalten. Glücklicherweise steigen die Zahlen jetzt wieder an.

...

In den 1970er-Jahren hielt Pablo Escobar, ein berühmter kolumbianischer Krimineller, vier Nilpferde in seinem privaten Zoo. Nach seinem Tod ließ er sie frei herumlaufen, und heute leben über 100 Nilpferde in Kolumbien.

Nilpferde wären beinahe in den USA eingeführt worden! Im Jahr 1910 versuchte ein Senator in Louisiana, die "American Hippo Bill" zu verabschieden, um Nilpferde in die Vereinigten Staaten zu bringen. Präsident Theodore Roosevelt unterstützte das Gesetz, es wurde aber nur knapp nicht verabschiedet.

• • •

Es gibt viele berühmte fiktive Nilpferde. Die Filme *Madagaskar*, *Fantasia* und *Hugo das Nilpferd* sind nur einige, in denen ein Nilpferd vorkommt. Welche davon hast du gesehen? Zusätzlich sind in Deutschland die *Happy Hippos* Figuren und Süßigkeiten sehr bekannt. Frage deine Eltern oder Großeltern, ob sie die Happy Hippos noch kennen!

Hungry Hippos ist seit den 1970er-Jahren ein sehr beliebtes Brettspiel. Das Ziel des Spiels ist es, dass dein Nilpferd so viele Kugeln wie möglich frisst. Das Spiel macht sehr großen Spaß!

• • •

In den 1850er-Jahren gab es ein sehr beliebtes Lied namens *Hippopotamus Polka*. Disney nutzte das Lied als Inspiration für seinen Film **Fantasia**, in dem ein Nilpferd vorkommt.

Der **Welt-Nilpferd-Tag** findet jedes Jahr am 15. Februar statt. An diesem Tag werden diese wunderbaren Tiere nicht nur gefeiert, sondern es wird auch auf die Herausforderungen aufmerksam gemacht, denen Nilpferde ausgesetzt sind.

• • •

Es gibt viele Möglichkeiten, wie du Nilpferde in freier Wildbahn unterstützen kannst. Organisationen wie die African Wildlife Foundation, der Worldwide Fund for Nature und der Turgwe Hippo Trust bieten dir die Möglichkeit, Geld zu spenden oder ein Nilpferd zu adoptieren.

NILPFERD *Quiz*

Teste jetzt dein Wissen in unserem Hippo-Quiz! Antworten findest du auf Seite 84.

1. Wo leben Nilpferde?

2. Was sind die nächsten lebenden Verwandten des Nilpferds?

3. Nilpferde lebten früher in Europa. Richtig oder falsch?

4. Wie werden weibliche und männliche Nilpferde genannt?

5. Wie schnell können Nilpferde laufen?

6. Nilpferde können springen. Richtig oder falsch?

7. Wie dick ist die Haut von Nilpferden?

8. Wie werden die sozialen Gruppen von Nilpferden genannt?

9. Was ist ein Strandmeister?

10. Wie lange können Nilpferde ihren Atem anhalten?

11. Wie viele Kälber bringen Seepferde normalerweise auf einmal zur Welt?

12. Wie lange sind Nilpferdes schwanger?

13. Wie lange bleiben die Kälber bei ihren Müttern?

14. Was ist die größte Bedrohung für das Nilpferd?

15. Wie hieß das Nilpferd, das bis zu seinem 65. Lebensjahr lebte?

16. Wann ist der Welt-Nilpferd-Tag?

17. In welchem südamerikanischen Land gibt es etwa 100 Nilpferde?

18. In welchem Land wurden die ersten Nilpferde in Gefangenschaft gehalten?

19. Zwergflusspferde sind gefährlicher als gewöhnliche Nilpferde. Richtig oder falsch?

Antworten:

1. Afrika südlich der Sahara.
2. Wale und Delfine.
3. Wahr.
4. Kühe (weiblich) und Bullen (männlich).
5. Bis zu 30 km/h.
6. Falsch.
7. 6 cm.
8. Schulen oder Herden.
9. Der Territorialbulle in einer Schule.
10. Fünf Minuten.
11. Eins.
12. Acht Monate (243 Tage).
13. Mehrere Jahre.
14. Lebensraumverlust.
15. Bertha.
16. 15. Februar.
17. Kolumbien.
18. Ägypten.
19. Falsch.

DAS ULTIMATIVE NILPFERDBUCH

Nilpferde WORTSUCHE

W	D	Ü	C	K	S	C	H	U	L	E	N
Ä	N	D	S	A	A	Ö	C	X	Z	Ü	B
G	F	D	H	Ü	C	L	X	Ä	N	W	E
Ö	E	H	A	A	A	V	B	D	A	Ä	D
F	N	I	L	P	F	E	R	D	M	T	Ö
D	Ü	P	B	Ä	E	R	E	Q	I	E	Y
S	G	P	W	F	D	Ö	I	F	B	W	Ü
A	F	O	A	A	H	Ü	G	K	I	A	R
Z	Ä	B	S	Ü	A	F	S	A	A	S	E
C	T	G	S	Ä	U	G	E	T	I	E	R
X	R	F	E	T	T	V	Ö	N	D	F	S
Ü	E	S	R	W	D	S	A	Ä	V	D	Ü

Kannst du alle Wörter im Wortsuche Puzzle links finden?

NILPFERD   NAMIBIA   KALB

AFRIKA   SÄUGETIERE   HAUT

HALBWASSER   HIPPO   SCHULEN

DAS ULTIMATIVE NILPFERDBUCH

Wortsuche Lösung

				K	S	C	H	U	L	E	N
					A						
			H		L				N		
		H	A	A		B		A			
	N	I	L	P	F	E	R	D	M		
		P	B			R			I		
		P	W				I		B		
		O	A		H			K	I		
			S		A				A		
			S	Ä	U	G	E	T	I	E	R
			E		T						
			R								

Quellen

10 Interesting Facts to Know About Hippos (2022).
Available at: https://www.worldanimalprotection.us/blogs/10-interesting-facts-know-about-hippos (Accessed: 29 March 2022).

What's The Cleverest Thing A Hippo Can Do? (2022).
Available at: https://www.vpr.org/podcast/but-why-a-podcast-for-curious-kids/2021-07-16/whats-the-cleverest-thing-a-hippo-can-do (Accessed: 29 March 2022).

hippopotamus - Pygmy hippopotamus (2022). Available at: https://www.britannica.com/animal/hippopotamus-mammal-species/Pygmy-hippopotamus (Accessed: 30 March 2022).

Nile Hippopotamus | San Francisco Zoo & Gardens (2021).
Available at: https://www.sfzoo.org/nile-hippopotamus/ (Accessed: 30 March 2022).

Pygmy hippopotamus - Wikipedia (2022). Available at: https://en.wikipedia.org/wiki/Pygmy_hippopotamus (Accessed: 3 April 2022).

10 Hippo Facts! - National Geographic Kids (2017).
Available at: https://www.natgeokids.com/uk/discover/animals/general-animals/ten-hippo-facts/ (Accessed: 3 April 2022).

A Hippopotamus's Care of Its Babies (2022). Available at: https://animals.mom.com/hippopotamuss-care-its-babies-11416.html (Accessed: 3 April 2022).

Family, Parenting, Pet and Lifestyle Tips That Bring Us Closer Together | LittleThings.com (2022). Available at: https://littlethings.com/pets/baby-hippo-facts/3128376-10 (Accessed: 3 April 2022).

Hippopotamus (2022). Available at: https://www.awf.org/wildlife-conservation/hippopotamus (Accessed: 4 April 2022).

Hippopotamus | Species | WWF (2022). Available at: https://www.worldwildlife.org/species/hippopotamus (Accessed: 4 April 2022).

Wir hoffen du hast ein paar spannende Fakten über Nilpferde gelernt!

Welcher war dein Favorit? Wir würden das gerne von dir in einer Bewertung erfahren.

Besuche uns auf www.bellanovabooks.com für noch mehr großartige Bücher.

DAS ULTIMATIVE NILPFERDBUCH

Auch von Jenny Kellett

...und mehr!

www.ingramcontent.com/pod-product-compliance
Lightning Source LLC
LaVergne TN
LVHW050141080526
838202LV00062B/6548